AF554793

OBSERVATIONS

SUR LA

BROCHURE de MM. les Abbes LAVERDIERE et CASGRAIN

RELATIVEMENT À LA

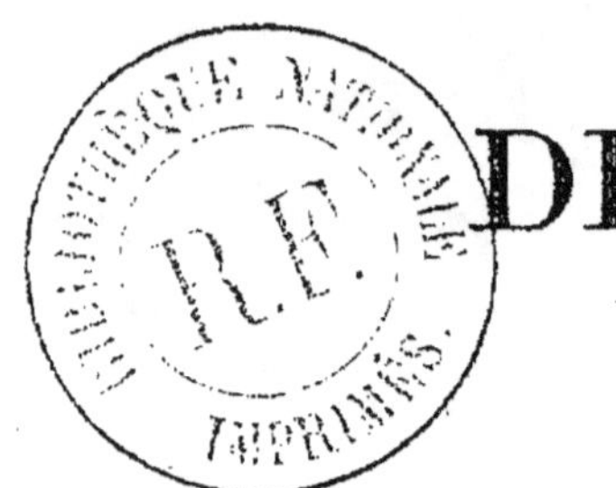

DECOUVERTE

DU

TOMBEAU DE CHAMPLAIN

PAR

STANISLAS DRAPEAU.

QUÉBEC :
TYPOGRAPHIE DE GEORGE T. CARY, 13, RUE LA FABRIQUE.

1866.

LK[12]
987

POLEMIQUE

SOUMISE AU JUGEMENT IMPARTIAL DES

HOMMES ECLAIRES DU CANADA.

—

L'heureuse découverte du Tombeau de Champlain, faite par MM. les abbés Laverdière et Casgrain, de cette ville, a été saluée avec bonheur par la société canadienne, de toute langue et de toute origine, et a eu pour précieux résultat d'éclaircir la question jusqu'ici obscure du lieu où reposait le corps de l'illustre Fondateur de Québec.

Ayant été entraîné dans une polémique aussi peu généreuse que profondément regrettable, à propos de cette découverte, que je crois *avoir facilitée et hâtée*,—mérite que l'on me conteste néanmoins avec tant de résistance,—je viens aujourd'hui remplir la promesse que j'ai formulée, à diverses reprises, d'exposer au jugement impartial des hommes éclairés du pays les causes qui ont contribué à assurer cette importante découverte.

Etonné autant qu'attristé de voir des susceptibilités irréfléchies se surexciter contre moi, parce que j'ai osé réclamer une petite part de mérite dans l'affaire, j'aurais sacrifié très-volontiers cette satisfaction à mon amour-propre, si des considérations plus élevées ne m'eussent rappelé que le devoir me commandait de lutter, dans la cause engagée, pour le triomphe de la justice et de l'honneur.

QUESTION

DU

TOMBEAU DE CHAMPLAIN.

BIBLIOTHÈQUE NATIONALE R.F. IMPRIMÉS

Occupé depuis longtemps à chercher le lieu où devait se trouver le tombeau de Champlain,—point que l'histoire a toujours refusé d'éclaircir jusqu'à ce jour,—je m'engageai dans des recherches qui furent infructueuses. Cependant, dans le cours de mes démarches je recueillis de précieux renseignements sur un certain tombeau trouvé dans l'escalier-Champlain, il y a dix ans, lors des travaux de l'aqueduc; j'annotai ces renseignements dans mes cartons, en attendant que j'eusse le temps d'en étudier et d'en considérer le mérite. C'était au commencement de l'été de cette année.

L'esprit toujours préoccupé de la découverte du tombeau de Champlain, je ne cessai d'amener fréquemment ce sujet sur le tapis, dans mes conversations avec M. l'abbé Laverdière, chaque fois que les circonstances le permettaient.

Enfin, le 5 novembre dernier, étant à converser avec M. Laverdière et deux amis, sur les découvertes qu'il y aurait à faire dans l'intérêt de l'archéologie canadienne, je signalai à l'attention de ces Messieurs le fait de la découverte, il y a dix ans, de cet obscur tombeau dont je viens de parler, et des ossements humains qu'il renfermait alors. J'accompagnai cette déclaration d'observations appropriées et suffisamment développées, et je donnai en même temps connaissance de la source où j'avais puisé ces précieux renseignements, en citant le nom de M. Hugh O'Donnell, ingénieur, comme ayant dirigé lui-même ces fouilles.

Comme il ne suffit que d'une seule étincelle, dans le monde physique, pour déterminer un grand incendie; de même il arriva que mon information du 5 novembre vint révéler promptement à l'esprit de mes vigoureux et alertes contradicteurs, toujours en quête des secrets de l'avenir, une connaissance *qu'ils n'avaient pas alors*, mais par laquelle *arriva le très-heureux dénouement* que l'on connaît maintenant.

En effet, dès le lendemain de cette déclaration, M. Casgrain, agissant en son propre nom et en celui de M. l'abbé Laverdière, vole plutôt qu'il ne court *à la source où j'ai dit avoir puisé mes renseignements;* il presse et multiplie les questions; puis, plus tard, tous deux *descendent sur le lieu que j'ai désigné*, dirigés et accompagnés par celui-là même qui était le dépositaire, depuis dix ans, des secrets de cette tombe. Après quelques perquisitions faites à la hâte, ils arrivent à une heureuse solution: celle de la *découverte en ce lieu du Tombeau de Champlain*, le 10 Novembre, c'est-à-dire *cinq jours après mes informations!*

C'est assez pour le moment: tirons l'échelle!........ et mettons en lumière, par des données suffisantes et positives, l'exactitude de mes avancés. Je dois avertir ici que j'aurai le pénible devoir de prouver plusieurs faussetés historiques, commises par mes ombrageux adversaires: faussetés dont ils n'ont pas dû se rendre coupables sciemment, je l'espère.

Comme, en fait d'histoire, les raisonnements *à priori* ne valent rien, s'ils ne sont appuyés sur des témoignages irrécusables, je produis la pièce justificative qui suit, à propos des renseignements que j'ai donnés à M. Laverdière.

DÉCLARATION.

Lundi dernier, 5 novembre, nous, soussignés, étions présents dans la salle d'étude de l'Université-Laval, où M. Stanislas Drapeau s'occupe à recueillir les Faits historiques et archéologiques du Canada, lorsque s'engagea une conversation entre nous tous, touchant le Tombeau de Samuel de Champlain.

Durant cette conversation, qui roulait sur des hypothèses plus ou moins certaines, relativement à l'endroit où devait reposer le corps de cet illustre personnage (bien que nous fussions tous unanimes, cependant, à considérer le site de la haute-ville comme le lieu où devaient se trouver les restes du Fondateur de Québec), M. Drapeau fit, en notre présence, la déclaration suivante à M. l'abbé Laverdière, à savoir: " Que des ossements humains avaient été trouvés dans un tombeau lors des travaux d'excavation pour l'aqueduc, au pied de l'escalier-Champlain ; et qu'il (M. Drapeau) tenait ce renseignement de M. Hugh O'Donnell, qui avait lui-même dirigé les fouilles." Puis, à ce propos, M. Drapeau exprima la croyance où il était qu'un cimetière avait dû exister autrefois en cet endroit.

Le fait relatif au tombeau et aux ossements humains parut surprendre M. l'abbé Laverdière ; il nous dit qu'il l'ignorait.

(Signés :) NORBERT THIBAULT,
J. O. DION.

Québec, 14 novembre 1866.

Ce document accorde, sans contredit, aux renseignements que j'ai donnés à M. Laverdière, une importance majeure,—malgré l'appréciation défavorable que M. Laverdière a faite de ces renseignements dans sa lettre du 22 novembre, publiée dans le *Journal de Québec* du même jour. Puis, du même coup, se trouve *nié* ce que M. Laverdière affirme dans la même lettre, relativement *à la prétendue connaissance qu'il dit avoir eue des ossements trouvés dans l'escalier-Champlain.*

Passons à une autre pièce justificative. Celle-ci aura pour effet, non-seulement de jeter de la clarté dans le débat actuel, mais encore de prouver que MM. Laverdière et Casgrain ne sont point toujours exacts, ni dans les journaux où ils écrivent, ni dans la brochure qu'ils viennent de publier, relativement à certains faits énoncés ou à certaines dates évoquées, qu'ils voudraient faire accepter sans trop d'examen.

Quant aux assertions contradictoires, aux omissions préméditées, aux solutions incertaines, que ces Messieurs adoptent comme devant faire loi devant l'histoire ; ou autres choses aussi habilement glissées dans leur brochure ou dans leurs écrits, ça ne pourra pas prendre, après un vigilant examen,—qu'on le sache bien.

Dans le désir où j'étais d'entourer mes affirmations de la plus grande somme d'authenticité possible, j'adressai à M. H. O'Donnell la lettre suivante, afin d'assurer aux démarches que je venais de faire auprès de MM. Laverdière et Casgrain, toute la valeur du droit que je réclamais d'eux, pour les avoir renseignés, le premier, sur l'existence du tombeau de l'escalier de la basse-ville,—ce qui devait amener, cinq jours plus tard, la découverte du véritable Tombeau de Champlain, suivant que je l'ai constaté plus haut.

Québec, 16 novembre 1866.

A Hugh O'Donnell, Ecr.,
Québec.

Monsieur,

Aujourd'hui que l'esprit public est tout préoccupé de l'heureuse trouvaille du Tombeau de Champlain par MM. les abbés Laverdière et Casgrain, auriez-vous l'extrême complaisance de me donner par écrit une réponse aux deux questions qui suivent, inspirées qu'elles sont dans l'intérêt même de la question historique.

1° N'est-il pas vrai que, dans l'entrevue que j'eus le plaisir d'avoir avec vous de bonne heure cet été, à l'occasion des démarches que je faisais alors pour la découverte du Tombeau de Champlain, vous m'informâtes que des ossements humains et un tombeau avaient été trouvés au pied de l'escalier-Champlain, lors des travaux de l'aqueduc en cet endroit, dirigés sous votre direction ?

2° Cette démarche de ma part a-t-elle été la première qui ait été faite auprès de vous dans le même but ?

Convaincu que je suis de votre esprit libéral et de l'amour que vous portez aux recherches historiques, je vous présente d'avance mes remerciements, et je vous prie de me pardonner le trouble que je vous cause.

J'ai l'honneur d'être,

Monsieur,

Votre obéissant serviteur,

Stanislas Drapeau.

M. O'Donnell me répondit comme suit :

Québec, 16 Novembre 1866.

Stanislas Drapeau, Ecr.,
Québec.

(*Traduction.*)

Monsieur,

J'ai l'honneur d'accuser réception de votre lettre en date de ce jour et à laquelle je me hâte de répondre comme suit, savoir : Qu'à l'occasion de la visite que vous m'avez faite relativement aux démarches que vous faisiez alors pour découvrir le tombeau du brave Champlain, je vous dis que dans le cours des excavations faites sous ma surveillance pour l'aqueduc et le draînage, sous l'escalier conduisant de la rue Champlain à la côte de la Montagne, une voûte (*) en pierre et un cercueil contenant des os humains furent trouvés là—mais que nous ne trouvâmes rien, indiquant la même chose lors des excavations faites à la Place-d'Armes. Et je dois dire que vous avez été la première personne qui m'ait parlé au sujet de la recherche du tombeau du brave Champlain. Mais le 6 ou le 7 du présent mois de novembre, le Révérend M. Casgrain vint me trouver à mon bureau et me fit plusieurs questions sur ce qui aurait pu être découvert lors des excavations pour l'aqueduc, sur quoi je lui parlai de tout ce que j'avais remarqué, particulièrement la voûte, le cercueil, et les os ci-dessus mentionnés.

(Signé :) HUGH O'DONNELL,

Ingénieur des travaux de l'aqueduc et du draînage.

En attendant le moment où je dois utiliser ce témoignage, je désire constater immédiatement que cette lettre de M. O'Donnell *détruit l'affirmation du 9 novembre* de MM. Laverdière et Casgrain,

(*) Il est possible que M. O'Donnell m'ait parlé de la voûte, mais je ne m'en souviens nullement. M. l'abbé Casgrain a été en ce cas plus heureux que moi; aussi a-t-il su en profiter habilement.

Voici dans toute son intégrité l'original de la lettre de M. O'Donnell :

Quebec, 16th nov. 1866.

STANISLAUS DRAPEAU, Esq.,
Quebec.

Sir,

I have the honor to acknowledge the receipt of your letter of this day which I hasten to answer as follows, namely that on the occasion of your calling upon me relative to the enquiries you were then making to discover the Burial place of the brave Champlain, I told you that in the progress of the excavations made for the Water-Works and Drainage under the stairs leading from Champlain street to Mountain hill, under my superintendance, a stone built vault and coffin with human bones were found therein. But that we found nothing to indicate the like in the excavations made at the Place-d'Armes. And I have to state that you have been the first person who has spoken to me on the subject of the research for the Burial place of the brave Champlain. But on the 6th or 7th of the present month of november the Reverend Father Casgrain called at my office and made many enquiries about what might have been discovered in the progress of the excavations of the Water-Works, etc. of which I told him all that I had noted particularly the Vault, Coffin and bones mentioned.

HUGH O'DONNELL,

Engineer of the Quebec Water Works and Drainage.

telle qu'elle se trouve insérée à la page 17 de leur brochure. Puis, comme conséquence de ce fait, *s'écroule l'échafaudage* élevé par ces Messieurs pour *en imposer au public.* Dans un document aussi respectable, et qui a pour but évident d'éveiller le patriotisme et la reconnaissance du peuple canadien en faveur de l'immortel Fondateur de Québec et de toute la colonie, il est regrettable qu'on se soit permis de me faire une injustice aussi criante et aussi peu motivée.

II.

Comme je m'étais aperçu peu de jours après la découverte, qu'on voulait à tout prix me dérober la petite parcelle de mérite que j'avais dans l'affaire, j'adressai à MM. Laverdière et Casgrain chacun une copie de la lettre ci-dessous, afin de les amener à considérer l'injustice qu'ils allaient me causer, en ne faisant pas droit à une aussi juste réclamation.

Québec, 15 Novembre 1866.

A M. l'abbé C. H. LAVERDIÈRE,
Université-Laval, Québec.

Monsieur,

J'ai lu avec le plus grand intérêt l'heureuse nouvelle de la découverte du tombeau de l'immortel Fondateur de Québec, Samuel de Champlain, faite par vous et M. l'abbé Casgrain.

Comme je ne saurais ajourner plus longtemps l'expression de mes sentiments sur cet important évènement, je m'empresse donc de vous féliciter sur votre heureuse découverte, qui saura exciter un enthousiasme et une admiration digne de cet illustre personnage si en vénération parmi les hommes qui s'occupent d'histoire.

Occupé moi-même par goût et par état aux recherches historiques et archéologiques du pays, comme vous le savez d'ailleurs, je prends la liberté de vous rappeller que si je n'ai pas été aussi heureux que vous et votre savant confrère, dans mes perquisitions faites au commencement de cet été, concernant l'historique Tombeau de Champlain, cependant j'ai droit de m'attendre à ce qu'il soit fait mention dans le Procès-Verbal (que vous devez publier) des renseignements que je vous ai donnés.

Il vous est facile de vous rappeler que je vous ai dit, en présence de MM. Norbert Thibault et Jos. Oct. Dion, cinq jours avant la découverte qui nous occupe, que lors des travaux de l'aqueduc de l'escalier-Champlain exécutés sous la direction de M. O'Donnell, ce monsieur m'avait déclaré avoir découvert, au pied du dit escalier, des ossements humains, etc., etc., etc.

Puisque j'ai eu le bonheur de vous intéresser et *de vous mettre sur la trace de cette glorieuse conquête*, j'ai lieu d'espérer que ma réclamation, *qui ne saurait d'ailleurs rien diminuer du mérite qui vous revient*, (*) vous sera aussi agréable que le souvenir qui s'y rattache, et que vous jugerez favorablement le motif qui me fait agir.

Je vous prie d'agréer, cher Monsieur, l'assurance de mes sentiments très-distingués.

STANISLAS DRAPEAU.

Tout fut inutile. Je reçus, toutefois, ces quelques mots d'espoir, à la date du 19 novembre :

"........ Soyez bien persuadé que nous la (*ma lettre*) prendrons *certainement en considération.*"

La suite a prouvé qu'on *manquait de franchise* en écrivant ainsi, et que l'amère jalousie, ce mal endémique, éternel, qui dévore le monde depuis sa création, s'introduirait jusque dans cette affaire.

Quelques jours plus tard, étant encore mieux éclairé sur les manœuvres dont MM. Laverdière et Casgrain devaient se servir, je plaçai devant le public ma réclamation, par les lignes suivantes, insérées dans le *Canadien* du 21 novembre :

" Je désire constater publiquement que j'ai adressé à MM. Laverdière et Casgrain une réclamation motivée, en date du 15 courant, demandant que la petite part qui doit me revenir de cette glorieuse découverte soit insérée dans le procès-verbal qui doit être publié sur le tombeau de Champlain.

" Afin qu'on ne m'accuse pas plus tard d'entêtement et de malveillance, je saisis cette occasion pour exprimer combien je serais chagrin de voir surgir une polémique quelconque sur cette affaire ; cependant, je dois déclarer avec franchise que si justice ne m'est point rendue dans le document ci-dessus mentionné, je serai forcément entraîné à défendre une situation que je n'aurai pas provoquée, et dont la responsabilité pèsera sur ceux qui sont avocats et juges dans cette affaire."

Ce fut à la suite de la publication de cette lettre, dont ce qui précède est un extrait, qu'on m'engagea dans la polémique mentionnée au commencement de ce plaidoyer.

(*) Je souligne.

La conjuration devint alors complète, et pour m'écarter plus facilement de l'affaire, on se mit à soutenir sans fondement que la découverte *n'était que le triomphe de l'inspiration et de l'étude de documents inédits et autres :* le tout fut exposé et conduit dans les journaux avec mouvement et passion.

Mais, comme il fallait à tout prix s'inspirer d'idées différentes de celles qui avaient prévalu jusqu'alors, on trouva l'ingénieux moyen de résoudre la difficulté en s'appliquant à rapetisser la valeur et le mérite de l'information que j'avais donnée, afin de pouvoir écrire avec quelque semblant de raison :

“ Comme M. Drapeau semble demander compte d'informations qu'il n'a données qu'à moi, je dois à M. Casgrain et au public de déclarer ici, *que je n'en ai fait aucun usage,* et cela sans aucun mauvais vouloir quelconque.” (1).

Deux jours plus tard, non content de me dérober sans remords le bénéfice attaché à ce renseignement, que l'on disait et redisait *n'avoir servi à rien,* on informa comme suit le public :

“ Maintenant, comme nous ne pouvions, *sans manquer à la vérité,* faire autre chose que lui tenir compte (à M. Drapeau) de l'intérêt qu'il pouvait avoir porté à cette importante question, et qu'il a eu soin d'informer le public de son mérite personnel, *nous sommes dispensés de faire figurer son nom* dans le compte-rendu de nos recherches.” (2).

Quelle généreuse et délicate justice ! C'est bien, Messieurs, arrangez vos petites affaires, et ne vous troublez pas pour si peu !

Cependant, encore dans ce cas, je dois déclarer que M. Laverdière n'est point sérieux quand il affirme une telle chose ; car sa propre brochure, page 15, vient démontrer, elle, (la perfide !) tout le contraire ! Mon nom s'y trouve inséré et prêt à protester contre la phrase équivoque qui l'entoure. Citons plutôt :

“ Dans le cours de cette journée, M. Drapeau avait dit à M. Laverdière que des ossements humains avaient été trouvés dans l'escalier de la basse-ville ; mais, parfaitement convaincu alors que le tombeau de Champlain ne pouvait-être ailleurs qu'à la haute-ville, *IL* ne songea pas à communiquer ce renseignement à M. Casgrain.” (3).

A qui se rapporte le pronom *il ?* Est-ce à moi ? est-ce à

---

(1) Lettre de M. Laverdière du 22 novembre, publiée dans le *Journal de Québec.*

(2) Lettre de M. Laverdière du 24 novembre.

(3) Brochure de MM. Laverdière et Casgrain, page 15.

M. Laverdière ? Si c'est à moi, et la forme de la phrase l'exige impérieusement,—il faut avouer qu'il n'est pas surprenant, en effet, que je ne sois pas allé immédiatement chez M. Casgrain lui communiquer ce renseignement; si ce mot *il* se rapporte, au contraire, à M. Laverdière, on avouera pareillement qu'il était impossible de nier plus adroitement et plus perfidement que M. Laverdière eût communiqué à M. Casgrain les renseignements que j'avais donnés à celui-là, à l'Université-Laval, en présence de MM. Thibault et Dion. (1)

Mais ce n'est pas tout. Tandis que ces Messieurs trépignaient et me vouaient à l'exécration,—à cause de mes exigences contraires à leur amour-propre, sans aucun doute,—ils essayaient de soulever contre moi l'opinion publique, en faisant intervenir à leur profit, dans la discussion, M. Hugh O'Donnell, gagné à leur cause par la promesse d'un emploi que ces Messieurs allaient tâcher de lui assurer, en récompense de son docile concours.

Puisque je n'avais été pour rien dans l'affaire de la découverte, pourquoi donc alors tant vous acharner à combattre une position jugée ridicule par vous, et montrer tant d'activité à mon sujet ? A vous voir agir ainsi, ne s'aperçoit-on pas aussitôt que vous êtes en défaut, et que je suis dans le droit ? C'est la conclusion logique que l'opinion publique tirera de ce fait, soyez-en sûrs.

MM. Laverdière et Casgrain se mirent donc tout de suite en frais d'assurer à leur reconnaissant et dévoué serviteur, M. O'Donnell, tout le bénéfice de leur influence. Des lettres furent en conséquence adressées par eux à certaines personnes du Corps Municipal, les priant de voter pour *leur homme*, qui s'était acquis, disaient-ils, un véritable titre à la reconnaissance publique.

Nul doute que cette intervention a dû contribuer à assurer à M. O'Donnell le salaire de $100 par mois que vient de lui accorder le Conseil-de-Ville.

Cette démarche, aussi indue que compromettante, de MM. Laverdière et Casgrain, ne m'a pas peu surpris. Dans d'autres circons-

(1) J'aime à faire remarquer que si je relève l'équivoque que présente le mot *il*, dans la phrase citée plus haut, ce n'est pas pour donner une leçon de grammaire à mes deux antagonistes. Je suis sûr qu'ils sont assez ferrés sur les règles de la langue qu'ils écrivent avec autant de facilité que de goût, pour ne point donner involontairement à un mot une signification qu'il ne doit pas avoir.

tances, et pour d'autres motifs, personne n'aurait eu rien à redire ; mais, dans un cas pareil, pour un homme qu'ils ne connaissaient pas avant le 6 ou le 7 novembre, et surtout pour la récompense d'un appui aussi tristement acquis, c'était commettre un acte des plus révoltants et des plus offensants à la conscience publique !

Le fait que je viens de mentionner suffit donc pour expliquer la conduite de M. O'Donnell à mon égard, dans ces derniers temps.

Il y a pourtant assez de nobles places pour le talent et pour le dévouement, dirai-je à ce monsieur, sans qu'il faille, pour y atteindre, descendre dans la voie humiliante que vous avez choisie, et servir d'escabeau ou d'organe à des volontés injustes.

Je pardonne néanmoins de tout cœur à M. O'Donnell la triste position qu'il a prise à mon détriment dans cette affaire. Mais j'ignore si ceux qu'il a voulu contenter aussi servilement, lui sauront gré d'avoir osé affirmer, aussi carrément qu'il l'a fait, que *la cause véritable qui a fait découvrir à MM. Laverdière et Casgrain le tombeau de Champlain, vient de lui !* En effet, dans une correspondance publiée contre moi, M. O'Donnell dit :

« Le fait est que le renseignement qui a conduit ces Messieurs à la découverte en question a été donné par moi seul.... » (1)

Chut !.... imprudent !........ que va devenir *la force des textes qui a conduit, comme pas à pas, jusque dans la rue Champlain*, ceux que vous servez si mal ?

III.

Mais nous voici au 6 décembre, et c'est ce jour-là même que paraît le document de MM. Laverdière et Casgrain, si anxieusement attendu du public.

Cette brochure est divisée en deux parties : la première est une Dissertation sur les prétendues causes qui ont amené la découverte du tombeau de Champlain ; la deuxième forme le journal des opérations (2).

---

(1) Lettre de M. H. O'Donnell, publiée dans le *Canadien* du 23 novembre.

(2) Il était écrit que la brochure de MM. Laverdière et Casgrain porterait dès son entrée dans le monde la trace du *péché originel*, cette imperfection de l'humanité ! Annoncée par elle-même comme devant être publiée le 4 décembre, son apparition fut signalée dans les journaux le 5, quoique MM. les Rédacteurs ne dussent la recevoir que le 6. La réclame était-elle assez forte ?

Ce n'est pas seulement avec étonnement, mais avec un profond chagrin, que j'ai lu ce compte-rendu. L'élévation du caractère social et les talents de ceux qui ont attaché leurs noms à cette production, auraient dû suffire pour les engager à ne point s'exposer ainsi à jouer un si triste rôle. Ils n'ont point su, très-certainement, en mesurer toute l'étendue et toute la responsabilité. Si les positions se trouvent cruellement brisées aujourd'hui, par une lutte que la justice et l'équité outragées ont fait naître, il ne faudra donc en rejeter la faute que sur ceux qui ont voulu la discussion, et qui pouvaient et devaient l'empêcher, en satisfaisant au précepte divin qui commande " de ne désirer, ni prendre, ni retenir le bien d'autrui injustement."

Auprès d'une certaine classe de personnes, qui ne prennent point le temps d'approfondir la justesse des raisonnements qui leur sont offerts, ou qui subissent l'entraînement d'une bienveillance excessive, la brochure de MM. Laverdière et Casgrain trouvera peut-être grâce ; mais il n'en sera pas ainsi devant l'histoire et auprès des hommes qui réfléchissent et descendent au fond des choses pour en saisir la vérité pure et simple.

Disons tout de suite, pour couper court, que cette publication de MM. Laverdière et Casgrain est non-seulement injurieuse au bon sens public, mais qu'elle est aussi une insulte faite à l'histoire, dans l'interprétation des faits. C'est ce que je vais essayer de prouver.

Notons d'abord ce que ces Messieurs commencent par dire, page 18, au *journal* de leurs opérations :

" Lundi, 12 Novembre.—Les journaux annoncent la découverte du tombeau de Champlain. A la veillée, nous commençons à rédiger."

De cette rédaction naît la fameuse DISSERTATION qui est destinée à former la première partie de la brochure, et qui doit faire connaître au monde étonné tout le travail que cette découverte a pu occasionner à ces Messieurs.

Malgré l'intérêt sérieux qui s'attache à cette découverte, il y a de quoi se pâmer de rire en lisant ce qu'ont écrit les *découvreurs* dans ces dix à douze pages, *le et après le* 12 *novembre,* alors qu'ils étaient dans *la positive connaissance du lieu qu'occupaient autrefois la Chapelle et le tombeau de Champlain,* et que la découverte du tombeau même, qu'ils venaient de faire, leur révélait dans toute sa clarté.

Et c'est avec une telle connaissance, et l'esprit ainsi éclairé, qu'on ose offrir au public de bonne foi une *Relation* comme celle-là, où les auteurs paraissent suer sang et eau avec les *fameux textes*, espérant par cette manœuvre capter l'admiration populaire! Ils discutent les faits les plus ordinaires,—écartent les improbabilités qu'ils viennent de faire surgir par plaisir,—rapprochent d'autres données plus claires en apparence, pour ensuite les repousser,—jusqu'à ce qu'enfin des données plus positives, à leurs yeux, viennent " les conduire comme pas à pas jusque dans la rue Champlain." Là, la trappe s'ouvre sous leurs pieds, et ces Messieurs s'y précipitent avec les textes d'une main et la pioche de l'autre! Puis la farce est jouée!!

Et vous, Charlevoix, Garneau, Ferland, Faillon, et autres, vous êtes tous des niais de n'avoir pu comprendre les textes obscurs de *Champlain*, *Sagard*, *Leclercq*, *Relations* et *Journal des Jésuites Régistres* et *Archives de Québec, etc.*, que MM. Laverdière et Casgrain viennent d'interpréter avec tant de bonheur!

Non, jamais pareille imposture ne s'est produite jusqu'à ce point dans l'histoire d'aucune découverte, et je défie qu'on puisse trouver parmi les autorités citées par MM. Laverdière et Casgrain, dans leur brochure, *un seul texte* qui soit capable de faire arriver à une conclusion suffisante pour opérer la découverte du lieu où devait se trouver le tombeau de Champlain.

Oh! quand l'œil a vu, l'esprit alors est pénétrant, et tous les textes, auparavant obscurs, s'illuminent et semblent plus faciles à interpréter; cela se conçoit.

Mais comment auraient-ils pu, d'ailleurs, trouver une interprétation lumineuse dans ces textes qu'ils disent avoir étudiés, et qu'ils mentionnent dans leur brochure, lorsqu'ils ne les comprennent point, même dans les choses les plus vulgaires?

En effet, voyons si les faits historiques interprétés par ces Messieurs sont vrais, selon l'histoire. Je promets au lecteur des émotions! comme dirait Louis Veuillot.

Par exemple, après avoir *bien discuté* et *interprété les textes* relativement *au lieu où devait se trouver la Chapelle de Champlain*, MM. Laverdière et Casgrain concluent solennellement:

" Donc la Chapelle de Champlain ne pouvait être située ailleurs qu'à la basse-ville, et ce ne pouvait être *que celle qu'il avait fait bâtir en* 1615, à l'arrivée des PP. Récollets (*Voyage de Champlain*, édit. de 1619. fol. 10) : car cette chapelle *est certainement la seule* qu'il y ait fait construire." (1).

Cette affirmation est trop hardie ; car la Chapelle de 1615, desservie par les Récollets avant la prise du pays, fut détruite en 1632 par les Anglais, quelque temps avant le retour des Français,

"...... et en attendant qu'on pût en construire une nouvelle, on dressa un autel dans le Fort (sur la montagne), où les colons se réunissaient les dimanches et fêtes.... C'était là que les PP. Jésuites allaient leur administrer les sacrements." (*Archives du Séminaire de Québec*, manuscrit de 1645, cité par M. l'abbé Faillon, 1er volume de son *Histoire*, p. 272.)

Est-ce assez clair ?

L'interprétation que MM. Laverdière et Casgrain donnent aux paroles du P. Lejeune, pour en tirer une conclusion favorable à *l'échafaudage qu'ils élèvent* à propos de cette chapelle, que ces Messieurs veulent bon gré mal gré conserver debout (n'oublions pas qu'il s'agit toujours, de la part de ces Messieurs, de la Chapelle de 1615 !), cette interprétation est trop curieuse pour ne pas la consigner ici. On comprend que ces Messieurs, pour être logiques, sont forcément obligés de clouer la Chapelle là où ils viennent de trouver le Tombeau, dans le Cul-de-Sac. *Mais qu'ils attendent donc !* Citons :

" Cette position seule de la Chapelle n'explique-t-elle pas encore ce que dit le P. Lejeune en arrivant à Québec, en 1632 : " Nous " vîmes au bas du fort, la pauvre habitation de Québec toute " brûlée......... en laquelle on ne voit plus que des murailles de " pierres toutes bouleversées." Pourquoi le P. Lejeune ne parle-t-il point ici de la Chapelle de Québec, puisqu'elle était à la Basse-Ville, et *qu'elle a existé au moins jusqu'en* 1642 ? C'est que *sa position retirée* au fond de l'anse du Cul-de-Sac et derrière le Cap, *la rendait très peu apparente.* Les ruines de l'habitation étaient seules en vues, tant qu'on avait pas doublé la *pointe de Québec.* (2).

Pauvres Messieurs, vous jouez de malheur, et c'est le P. Lejeune qui va vous apprendre que la Chapelle est bien brûlée, puisqu'il dit, lors de son arrivée à Québec, le 5 juillet 1632, en mettant pied à terre :

" ....nous allâmes célébrer la sainte messe en la maison la plus ancienne de ce pays-ci, c'est la maison de Madame Hébert,

(1) Brochure de MM. Laverdière et Casgrain, page 7.
(2) Brochure de MM. Laverdière et Casgrain, page 11.

qui s'est habituée auprès du Fort (sur la montagne), du vivant de son mari." (*Relation des Jésuites*, 1632, p. 8, éd. de Québec.)

Comme on le voit, ce texte n'a pas besoin de développement. S'il y eût eu une Chapelle à la Basse-Ville, à cette époque, on ne serait pas allé chez Madame Hébert, près du Fort-Saint-Louis, pour y célébrer les SS. Mystères.

Quoique je n'aie aucune autorité positive à offrir pour appuyer mon raisonnement, j'ai lieu de croire que MM. Laverdière et Casgrain *cherchent trop tôt la Chapelle de Champlain !* Malgré *sa position retirée* au fond de l'anse du Cul-de-Sac, et le Cap, qui *la rend très-peu apparente* (1), je crois que cette Chapelle (à l'époque de 1632) n'existe que dans l'imagination de ces Messieurs.

Mais l'année suivante, en 1633, après le retour du Sieur de Champlain dans la colonie, cet homme de bien fit construire près du Fort-Saint-Louis la Chapelle de *Notre-Dame de la Recouvrance*, qui devint la première église paroissiale de Québec. (Voir *Relations des Jésuites*, 1634, p. 2 ; *Archives du Séminaire de Québec*, et de *N. D. de Québec.*) Les Jésuites, qui demeuraient alors à une demi-lieue du Fort (à Notre-Dame des Anges), vinrent, quelques-uns du moins, résider à la maison ou presbytère de la dite chapelle, suivant que le constatent tous les historiens. (Voir la *Relation* de 1636, p. 43 ; aussi l'*Histoire de la Colonie Française*, p. 273).

Quant à la *Chapelle de Champlain* proprement dite, que je viens de mentionner, je crois qu'il est assez logique de supposer qu'elle ne fut construite qu'*après la mort* du pieux et fervent M. de Champlain, pour lequel on avait fait *un sépulchre particulier* (2) ; et que cette chapelle est due aux soins reconnaissants de M. de Montmagny, pour le regretté défunt. Et ce qui vient confirmer davantage ma conjecture, c'est ce que dit la Relation de 1643, à l'occasion de la mort du P. Raymbault, que MM. Laverdière et Casgrain ont assez mal compris et interprété dans leur brochure, page 4. Voici ce qui est écrit au sujet du P. Raymbault :

" M. le Gouverneur, qui estimait sa vertu, désira qu'il fût enterré *près du corps* de feu M. de Champlain, qui est dans un sépulchre particulier, *érigé exprès* pour honorer la mémoire de ce signalé personnage, qui a tant obligé la Nouvelle-France. " (*Relations des Jésuites*, 1643, p. 3. éd. de Québec.)

(1) Brochure de MM. Laverdière et Casgrain, page 11.
(2) *Relations des Jésuites*, 1643, p. 3. éd, de Québec.

Une autre raison qui milite en faveur de ma supposition ou de mon interprétation, c'est qu'il n'a jamais été question de cette *Chapelle de Champlain*, durant tout le temps qu'a vécu ce premier gouverneur de la colonie. Il va sans dire que je considère comme non-avenue l'interprétation que font MM. Laverdière et Casgrain des textes de Champlain, 1619, fol. 10, parce que ces textes ne se rapportent qu'à la construction de la Chapelle de 1615 : d'où je conclus que rien ne semblait autoriser ces Messieurs à donner avec cette assurance qu'on remarque dans leur brochure, page 5, ce qui suit comme fait historique :

" Il est donc *certain* que Champlain lui-même *fut inhumé dans sa propre chapelle.*"

J'ajouterai même que la Chapelle de Québec de 1615, incendiée en 1632, *n'a pas été reconstruite sous l'administration de M. de Champlain !* Et la Relation de 1635, page 3, le fait assez comprendre, quand elle ne mentionne pour Québec que deux résidences où sont célébrés les offices divins : " La résidence de Notre-Dame de Recouvrance, à Kébec, proche du Fort, que nous allons habiter cette automne ; la Résidence de Notre-Dame des Anges, à une demi-lieue de Kébec."

Une preuve encore plus manifeste se trouve dans la Relation de 1636, page 2, au sujet du débarquement de M. de Montmagny :

"........ Nous descendîmes sur le bord du grand fleuve pour le recevoir.... après les compliments ordinaires, nous le suivîmes droit à la Chapelle ; en chemin ayant apperçu l'Arbre de notre salut : " Voici, dit-il, la première Croix que je rencontre sur le pays, adorons le Crucifié en son image." Il se jette à deux genoux, et à son exemple toute sa suite, comme aussi tous ceux qui le venaient saluer. De là il entre dans l'Eglise, ou nous chantâmes solennellement le *Te Deum*........"

La Chapelle dont il est ici question n'est autre, on le sait, que la Chapelle de Notre-Dame de la Recouvrance, à la haute-ville (Consultez : *Histoire* de M. Ferland, 1er. vol. p. 279 ; *Histoire* de M. Faillon, 1er vol. p. 290), et la Croix dont il est parlé est probablement celle du Cimetière, qui se trouvait sur le penchant de la Montagne, sur le bord de la route qui conduisait du rivage à la haute-ville.

Ce n'est pas par ostentation que j'entre dans ces considérations de faits historiques,—car je ne vise pas tant à *instruire* qu'à *renseigner* ceux qui semblent avoir tout oublié ; je désire seulement éclairer la route, afin que ces messieurs puissent la reconnaître et y rentrer.

C'est assez sur cette première partie de la brochure. Nous allons maintenant passer au journal des opérations.

IV.

C'est là que résident les efforts stratégiques. L'imagination créatrice de MM. Laverdière et Casgrain est tellement féconde' qu'ils oublient même ce qui se passe d'une page à l'autre dans leur brochure, comme nous allons le voir tout-à-l'heure.

En abordant la question des démarches faites chez M. O'Donnell par MM. Laverdière et Casgrain, — question qui *forme la base de toute la polémique entre ces Messieurs et moi,*—j'éprouve un malaise facile à comprendre, parce que je me vois contraint de porter contre eux une accusation déplorablement fondée, afin de justifier la position que j'ai prise dans cette affaire.

Je déclare donc comme *inexacte* l'entrée faite à la page 17 de la brochure de MM. Laverdière et Casgrain, sous la date du 9 novembre, relativement à la *première visite* faite par M. Casgrain à M. O'Donnell ; et la preuve que j'évoque pour appuyer la vérité de mon affirmation, se trouve dans la lettre même de M. O'Donnell, du 16 novembre, insérée dans la présente brochure, page 8, qui constate que cette première visite se fit le 6 ou le 7 novembre.

On conçoit *l'importance d'une telle rectification,* parce qu'elle déplace et entraîne avec elle tout cet amas *de dates* et *de textes,* qu'on dit avoir étudiés les jours qui ont précédé cette visite, et de laquelle étude on prétend être parvenu à la découverte du tombeau, *avant même de descendre sur les lieux,* suivant que le mentionne la brochure de ces Messieurs, page 13. Cette prétention est aussi exprimée par M. Laverdière, en ces termes :

“ Comme notre journal en fait foi, ce n'est que vendredi midi (9 novembre) que *la force des textes nous a conduits comme pas à pas jusque dans la rue Champlain, malgré nos convictions précédentes.*” (1)

---

(1) Lettre de M. Laverdière du 22 novembre.

Les dates étant ainsi rétablies, j'ai beaucoup plus raison de croire que l'information que j'ai donnée le 5 novembre, quoique dédaignée par M. Laverdière, *a servi à quelque chose!* L'empressement de M. Casgrain à aller le lendemain, ou le jour suivant, *deux fois* chez M. O'Donnell (1); la connaissance positive qu'il a eue *d'une voûte* à la basse-ville (2); tout cela ne suffisait-il pas pour faire opérer la découverte qui s'en est suivie? Et cette connaissance d'une voûte dans l'escalier-Champlain n'était-elle pas suffisante pour donner à l'esprit de ces Messieurs une clairvoyance plus grande dans l'étude des textes qu'ils consultaient? Très-certainement, et je vais le prouver par la brochure de ces Messieurs. Je serai libéral dans mon procédé, et je prendrai la date la plus reculée, celle du 7, comme le jour où M. Casgrain alla pour la première fois chez M. O'Donnell.

Eh bien! que mentionne la brochure, ce même jour du 7 novembre, AVANT que ce Monsieur ne fût allé rendre visite à M. O'Donnell? On y lit ce qui suit:

" 7 novembre, mercredi, 9½h. du matin.—Descente dans les caveaux de la Cathédrale." (pour la recherche du corps de M. de Champlain et autres qui auraient pu être transportés de l'ancienne Chapelle de la Recouvrance ou celle du Gouverneur en cet endroit). " Grand désappointement: tout est rempli jusqu'au pavé, à l'exception d'un grand sillon sous la Chapelle Sainte-Anne. Au retour, examen des régistres; nous remarquons (ce qui ne nous avait pas frappé jusqu'alors) que M. Gand et le P. Raymbault ont été enterrés dans la *Chapelle de Champlain* après l'incendie de 1640. Là-dessus grande discussion."

Viennent ensuite les visites de M. Casgrain chez M. O'Donnell, où il apprend l'affaire de la *voûte:*

Même date: " A la veillée nous continuons de discuter, et repassons les textes: Sagard, Champlain, Catalogue des Bienfaiteurs, Relations, Régistres, etc., Conclusion: donc la Chapelle de Champlain n'était pas à la haute-ville; donc elle était à la basse-ville!........ " (3).

Il est vrai qu'il fut convenu que le lendemain matin on irait

---

(1) Brochure de MM. Laverdière et Casgrain, page 17.

(2) Lettre de M. H. O'Donnell du 16 novembre, insérée dans cette brochure, page 8.

(3) Brochure de MM. Laverdière et Casgrain, pege 16.

visiter les caveaux de l'église de la Basse-Ville ; mais c'était évidemment pour pouvoir dire le 8 novembre :

" Impossible que le tombeau de Champlain puisse être là ! "(1)

D'ailleurs, sous de telles circonstances, il était prudent de ne pas aller trop vite, en supposant même que les écritures de ce journal *aient réellement été faites dans le temps et aux jours marqués.*

Après tant d'inexactitudes et d'affirmations légères commises par ces Messieurs, on ne peut trouver mal que je réclame le bénéfice du doute ; je pourrais même, *si je le voulais,* PROUVER *que tout le journal a été écrit après coup !*

Mais allons plus loin, et voyons quelle somme d'informations ces Messieurs, par suite de leur étude des textes ou manuscrits trouvés, possédaient avant les démarches de M. Casgrain chez M. O'Donnell.

On se rappelle, sans doute, l'émouvante nouvelle que donna au public M. Laverdière, lors de notre discussion dans les journaux, touchant la découverte de vieux manuscrits qui *promettaient d'importantes révélations,* à tel point que M. Laverdière ne crut trouver de plus puissantes armes pour me combattre, que de publier à grand fracas la nouvelle de cette découverte de *textes inédits.* J'ai lieu de croire que c'est par suite des enivrements causés par cette bonne fortune, *qu'ils décidèrent* de me jeter en dehors de leur chemin, en écrivant *qu'ils ne me devaient rien !* Citons plutôt :

" A l'occasion de documents curieux et fort anciens trouvés par M. l'abbé Casgrain dans les archives de la fabrique de Québec, et qui avaient rapport à Notre-Dame de Recouvrance, nous conçûmes l'espoir de retrouver dans ces vieux papiers quelques traces de cette Chapelle bâtie par Champlain, *de celle de Champlain même, et par suite, de son tombeau.*" (2)

Cette révélation fut agréablement reçue et piqua la curiosité publique au plus haut degré, parce qu'elle laissait espérer que de cette belle et importante mine historique, jailliraient de grands éclaircissements.

Maintenant, voyons par la brochure, à propos de ces vieux papiers, *dont on a tant parlé,* et qui ont été trouvés, paraît-il, le

(1) Brochure de MM. Laverdière et Casgrain, page 16.
(2) Lettre de M. Laverdière du 22 novembre.

4 et le 5 novembre, voyons quels renseignements ils ont fournis à mes deux antagonistes pour les conduire comme " pas à pas " dans le tombeau de Champlain :

Dans l'un, intitulé *Inventaire général des biens meubles appartenant à la sacristie de N.-D. de Kébec*, 1640, M. Casgrain y remarque l'article suivant : " 6 pauvres images du travail de feu M. de Champlain."

Dans l'autre, *le Livre de l'Eglise, Paroisse de Québec*, où se trouve " l'acte authentique de la pose de la première pierre de la cathédrale, en date du 23 septembre 1647, ces Messieurs déclarent : " que M. Ferland *a* fixé trois ans trop tôt la construction de cette église ! " (1). Pas possible !

Puis, c'est tout ! Pas *un seul autre renseignement* n'est consigné dans la brochure de ces Messieurs, comme ayant été trouvé dans " ces deux précieux documents," ainsi que la brochure les désigne dès sa première page.

Vraiment ! ça ne valait pas la peine de proclamer si haut l'importance de ces manuscrits, et de jeter à ce sujet *tant de poudre aux yeux du public* ; c'est presque de la moquerie !

Le 6 novembre, ces Messieurs discutent longuement sur la probabilité de la translation du corps de Champlain dans la Cathédrale.

Enfin, le 7, on trouve ce que j'en ai reproduit plus haut, page 21.

C'est là tout le bagage d'informations que possédaient ces Messieurs, avant de songer à descendre à la basse-ville chercher le tombeau de Champlain, et il n'y a pas de doute que la connaissance que MM. Laverdière et Casgrain avaient de la voûte les détermina à prendre ce parti, " malgré toutes leurs convictions précédentes," comme le dit lui-même M. Laverdière.

Quant aux contradictions ou aux fausses interprétations qui se trouvent dans la brochure, elles pullulent ; mais, pour abréger, je n'en rapporterai que les suivantes :

1°—A la page 12, on lit :

" Conduits ainsi, pas à pas et comme malgré nous, à placer la Chapelle de Champlain en cet endroit (à la Basse-Ville)...... nous *allons donc, sans tarder*, le 10 Novembre, *nous adresser à M. O'Donnell*, l'un des Ingénieurs qui ont présidé aux travaux de l'aqueduc."

(1) Brochure de MM. Laverdière et Casgrain, page 15.

La rédaction de ce morceau fait assez comprendre que ces Messieurs faisaient là une première visite ; cependant, nous avons vu, à la page 17, que ce fut le 9 novembre que se firent les premières visites, et l'on se rappelle le témoignage de M. O'Donnell, qui a fixé au 6 ou 7 novembre, c'est-à-dire à la seule époque véridique, sa première rencontre avec M. Casgrain.

2°—Par rapport aux trois crânes trouvés à environ 25 pieds du milieu de la voûte de l'escalier (1), ces Messieurs disent :

" *Ce sont bien là les corps* du frère *Pacifique Duplessis* (enterré à la Chapelle de Kébec en 1619—Sagard, p. 55.), de M. Gand et du P. Raymbault." (2).

Cette affirmation *n'est pas exacte*, et vous apportez là, Messieurs, une preuve qui ruine votre argumentation ! Comme la *Chapelle de Champlain* n'existait pas alors, le frère Duplessis n'a pu y être inhumé ; d'ailleurs, le texte que vous publiez vous informe qu'il le fut dans la *Chapelle de Kébec*, c'est-à-dire dans celle qui fut construite en 1615, par M. de Champlain et le P. Dolbeau. Vous vous fourvoyez chaque fois que vous évoquez le texte de Champlain, éd. de 1619, fol. 10, dans votre brochure, pour en faire surgir la *Chapelle de Champlain* proprement dite. De plus, en l'année 1854, les ossements du frère Pacifique Duplessis ne pouvaient être trouvés en quelque endroit que ce fût de la basse-ville, parce qu'ils reposent depuis plus de deux siècles dans les caveaux de la chapelle de l'Eglise de Notre-Dame des Anges, aujourd'hui l'Hôpital-Général ! Pour preuve : je vous renvoie à l'*Histoire* du P. Leclercq, 1er vol. p. 375.

Quant à M. Gand, décédé en 1641, et au P. Raymbault, mort en 1642, ils furent inhumés, en effet, dans la *Chapelle de Champlain*, laquelle *était alors construite !* Et vous devez maintenant vous douter, Messieurs, par qui cette Chapelle fut construite, en quelle circonstance, et vers quelle époque.

Quant au P. Raymbault, qui fut enterré *près du corps de Champlain*, et dans la Chapelle de Champlain (3), je trouve que 25 pieds

---

(1) Une lettre de M. Baldwin, de Boston, surintendant des travaux de l'aqueduc en 1854, mentionne le fait suivant dans une lettre qu'il vient d'adresser à M. H. O'Donnell : " Three Human skulls were found 9 feet deep, april 10th 1854, in digging for the 8 inches stop cock well at the head of Sous-le-Fort street, only about twenty-five feet from the middle of the vault."

(2) Brochure de MM. Laverdière et Casgrain, page 18.

(3) Brochure de MM. Laverdière et Casgrain, page 5.

sont une distance fort considérable, surtout à l'intérieur d'une petite chapelle, pour affirmer que c'est bien là le corps du P. Raymbault, etc.

Je serais même tenté d'ajouter que l'église de la basse-ville, incendiée depuis 1632, fut reconstruite par M. de Montmagny, vers l'époque de celle de Champlain, ou peut-être à la suite de l'incendie de la Chapelle de N. D. de la Recouvrance, arrivé au milieu du mois de juin 1640. Si tel était le cas, alors il y aurait eu à la basse-ville, à l'époque du décès de M. Gand, deux Chapelles : (outre la Résidence et la petite église de bois des Dames Ursulines. —*Histoire des Ursulines*, 1er vol. p. 59.) la *Chapelle de Québec*, c'est-à-dire l'ancienne Chapelle de 1615 ; et la *Chapelle mortuaire de Champlain*, qui a coûté tant de soucis à MM. Laverdière et Casgrain.

Je crois trouver le témoignage de cette supposition dans la brochure de ces Messieurs, dans l'acte même de sépulture de M. Gand, qu'ils y insèrent sans y rien comprendre, et dans lequel il est dit :

" Le 20 Mai 1641 mourut François de Ré dit M. Gand......... et " ce en la chambre, qui est soubs la Sacristie et Chapelle du dit " Kébec, où il avait passé l'hiver. Le même jour on chanta les " vêpres des très-passés pour lui, et le lendemain 21 du même mois " après l'office des morts et la messe chantée solennellement il fut " enterré en la *Chapelle de M. de Champlain.*" (1)

C'est-à-dire que les cérémonies de l'église se firent à la *Chapell de Québec*, et l'inhumation à quelques pas de là, dans la petite *Chapelle de Champlain*, au pied du Cap, là où ces Messieurs disent avoir trouvé le Tombeau de Champlain, à *force de textes*, et *pas à pas !*

Désireux d'en finir, je vais passer par-dessus bien d'autres faits, puis constater la jolie affirmation de M. Laverdière, à propos de la première visite de M. Casgrain chez M. O'Donnell :

" .... Il faut remarquer que, *le matin même de ce jour* (vendredi, 9 novembre), M. Casgrain, à la *suggestion* de M. Cannon, était allé chez M. O'Donnell, lui demander des renseignements.... ......*et cela sans que j'en susse rien*, et sans que *j'eusse pensé à communiquer à personne les informations de M. Drapeau.* Il y a plus ; samedi l'après-midi, nous descendions, M. Casgrain et moi,

(2) Brochure de MM. Laverdière et Casgrain, page 6.

dans le tombeau de Champlain, et M. Casgrain ignorait encore que M. Drapeau m'eût rien dit à ce sujet ; cependant *nous avons toujours étudié et discuté les textes conjointement.* " (1)

Quoiqu'il paraisse considérablement étrange que M. Laverdière pût ignorer la première démarche de M. Casgrain chez M. O'Donnell, le vendredi, 9 novembre, la veille même de la découverte du tombeau, surtout quand *on étudie et discute les textes conjointement*, cependant cela peut arriver.

Mais M. Laverdière a-t-il le même droit de plaider ignorance et de s'attendre à être cru, quand les faits viennent dévoiler que cette ignorance a dû cesser d'exister le 6 ou le 7 novembre, après les visites de M. Casgrain chez M. O'Donnell, et qu'alors M. Laverdière ne pouvait plus écrire, surtout la veille de la découverte du tombeau, vendredi, 9 novembre, qu'il ignorait ce fait, puisqu'*il était accompli depuis le mardi ou le mercredi d'auparavant !*

Je vais en rester là.

V.

ÉPILOGUE.

La responsabilité de cette lutte retombera, je le répète, sur ceux qui l'ont provoquée en refusant de faire droit à ce que l'équité et l'honneur réclamaient. Et cette réclamation si légitime que j'adressais à ces Messieurs, ne consistait, on le sait, que dans l'insertion d'une seule ligne dans leur Procès-Verbal. Cette ligne devait constater que mes renseignements du 5 novembre avaient contribué à faire opérer, cinq jours plus tard, la découverte du Tombeau de Champlain.

Le sens droit du cœur, les sentiments mêmes de l'honneur, qui sont partout l'apanage des hautes intelligences, ne devaient-ils pas l'emporter sur tout ce que pouvait inspirer l'amour-propre, dans ses désirs mêmes les plus insatiables ?

Pour ne pas admettre mon droit, ni partager avec moi la gloire de la découverte, bien qu'à un degré fort éloigné, ces Messieurs

(1) Lettre de M. Laverdière du 22 novembre.

ont préféré cheminer dans cette route tortueuse que l'on connaît maintenant.

Et qu'en est-il résulté de leur part ? des raisonnements boiteux, des interprétations erronées, des textes mal compris, des preuves qui tournent contre eux. Puis, de l'examen de leur phénoménal système d'*échafaudage de dates et de textes*, il est surgi cette preuve: que leur esprit n'a pas vu juste, que leurs affirmations n'ont été ni franches ni sincères, que devant l'opinion publique ils vont rester dans une situation d'hommes compromis, et que leur brochure passera pour une *Fourberie Historique !*

Aux paroles conciliantes que j'ai cru devoir adresser à M. Laverdière, lors de notre discussion dans les journaux, on m'a opposé de mordantes ironies, comme celle-ci :

" Au fond, l'on conçoit qu'il lui sera bien plus facile de prouver que nous avons raison, quand nous l'aurons prouvé nous-mêmes." (1)

Quand, dans des vues d'équité que tout lecteur honnête saura apprécier, je disais à MM. Laverdière et Casgrain que le scandale serait au compte de ceux qui l'auraient voulu, pouvant l'empêcher, on me répondait avec un sourire moqueur :

" Il ne nous reste qu'à rassurer *le monde,* en déclarant qu'il n'y aura ni lutte, ni scandale ; à moins que M. Drapeau ne donne le scandale de lutter tout seul contre lui-même." (2).

Ainsi poursuivi par les sarcasmes les plus acérés, et déshérité arbitrairement d'un droit qu'on m'enlevait sans raison, on conçoit que cela a pu contribuer à rendre mon argumentation peut-être un peu trop vigoureuse ou trop animée ; mais c'est que j'avais à lutter contre des hommes aussi ingénieux qu'habiles, et je savais qu'en les ménageant sur des choses qu'en d'autres circonstances j'aurais voulu taire, c'était me détruire et tomber vaincu, quand tout m'indiquait que j'aurais raison devant l'histoire.

STANISLAS DRAPEAU.

Québec, 20 Décembre 1866.

NOTA.—Je crois devoir respectueusement attirer l'attention de l'Autorité Municipale de la ville de Québec sur la nécessité qu'il

(1) Lettre de M. Laverdière du 24 Novembre.
(2) Lettre de M. Laverdière du 24 novembre.

y aurait de dresser un *Procès-Verbal* de la récente Découverte du Tombeau de Champlain, premier Gouverneur de Québec. On y consignerait, suivant la part qui revient équitablement à chacun, les noms de ceux qui ont fait cette découverte ou qui ont contribué à l'accomplir. Une copie de ce procès-verbal pourrait être déposée aux Archives du Greffe de Québec, et une autre, chez le Régistrateur Provincial, afin qu'elles pussent être consultées au besoin par ceux qui s'occupent de recherches historiques.

Une telle démarche de la part de l'Autorité Municipale servirait non-seulement les intérêts de l'histoire, mais encore elle serait la consécration officielle de l'immuable décret qui veut pour tous : *Justice Egale !*

S. D.

BIBLIOTHÈQUE NATIONALE R.F. IMPRIMÉS

10

www.ingramcontent.com/pod-product-compliance
Lightning Source LLC
LaVergne TN
LVHW010409240826
846091LV00020B/2853